Tere Liye

तेरे लिये

Reena Goyal

BookLeaf Publishing

India | USA | UK

Made with ❤ on the BookLeaf Publishing Platform
www.bookleafpub.in
www.bookleafpub.com

Dedication

To my beloved husband late Shri Sanjay Kumar Goyal...

Preface

Poetry, like all forms of art, is an invitation to pause and reflect. It offers a glimpse into emotions and moments that might otherwise remain unseen. Ms Reena Goyal, in her memories of her late husband, wrote these poems as a medium to connect.

As the waters of tears flew into a river of grief, came the expression of oneself in their purest form. Whether the reservoir of emotions is universal is up to you to decide, however, the honesty that one decides to embark while drinking the river's water can make it either a journey into darkness or a walk through the sunlit meadows.

The writer intends to serve her poems as a guide into the world of emotions that society has neglected. They serve a greater purpose than to extinguish the anxious fire of most readers. However, those who look further than the cosmetics of letters, can carry themselves into a dimension only words can show you.

This poem is not meant to provide answers, nor does it seek to define any specific truth. Rather, it is an exploration—a journey into the heart of what it means to be alive, to love, to grieve, to wonder. It is a small

offering in a vast world, a moment of stillness in the
ever-moving current of life.

May you find in these lines something that speaks to
you, and may it stay with you long after the last word
has been read.

Acknowledgements

First and foremost, I offer my heartfelt gratitude to my Guru, Sai Baba, for always being by my side, guiding and supporting me through every step of this journey.

I would also like to express my deep appreciation to my loving parents, whose gentle care and wisdom have shaped the wonderful life and upbringing I've been blessed with.

This book is dedicated to my late husband. I will love you forever and miss you deeply. Thank you for all you taught me and for the beautiful memories we created together with our children.

To my two wonderful children, whose unwavering support and motivation inspired me to write this book, I am endlessly grateful.

I also extend my thanks to my brothers, sisters-in-law, nieces, and nephews, for always being there for me in times of need.

Lastly, my sincere appreciation goes to everyone who has taught me, given me opportunities to grow, and guided me through challenging times. Your impact on my life has been invaluable.

१. जहां

आप की याद कुछ इस तरह आती है

रातों की नींद

दिन का सुकून ले जाती है

रहने लगे हो उस जहां में

जहां पर मेरी आवाज़ भी आप तक नहीं पहुंच पाती है

२. कारवाँ

तुम्हारी यादों का कारवाँ सजाया है

दिल में अपने, आप को बिठाया है

फिर भी जानें क्यों

आप ने इतना दूर अपना आशियाना बनाया है

३. पल

आती है हर वक़्त तुम्हारी याद

हर वक़्त दिल रोता है

कैसे तुमको बताऊँ

तुम्हारे बिना मेरा हर एक पल कैसा होता है

४. आशियाना

सोचा था एक आशियाना बनाएँगे उनके प्यार में

उनको बिठाएँगे अपने सामने

लेकिन उन्होंने कह दिया मुस्कराकर

किसी और ने भी मेरे लिए बनाया है

आशियाना तेरे आशियाना के सामने

५. प्यार का सफ़र

25 साल के सफर में आप हम से कुछ पल मे अलविदा कह गए

हम को आंसू दे गए और

हमारे इस जीवन भर के सफर को अधूरा ही छोड़ गए

६. बस तुम

चाँद भी आता हैं

तारे भी आते हैं

सूरज भी आता हैं

तुम्हारी याद भी आती हैं

पर मालूम है मुझे की तुम नहीं आओगे अब कभी भी

७. दूरियाँ

तुम को चाहने के सिवा कुछ और ना चाहा

तुम को पाने के सिवा और कुछ ना पाया

चाह कर भी तुम को पा ना सके

तुम हमसे इतना दूर जो चले गए

८. सासें

काश मेरी सासें तुम को मिल जाती

तो तुम आज यहाँ होते मेरी जगह

और हम होते आपकी जगह

तब महसूस होता कितना मुश्किल होता

जीना अपनी सासों के बिना

९. जाकर आता हूँ।

जाते थे कभी घर से तो कहते थे

'जाकर आता हूँ।'

इस बार गए तो बताया भी नहीं

और जाने के बाद आए भी नहीं

१०. पल

आती है हर वक़्त तुम्हारी याद

हर वक़्त दिल रोता है

कैसे तुमको बताऊँ

तुम्हारे बिना मेरा हर एक पल कैसा होता है

११. शिद्दत

शिद्दत से चाहा जिन्हें

उन्हीं ने धोका दिया हमें

हम सोचते रहे वह हमारे हैं

पर वह जाने कितनों को अपना दिल दिये बैठे थे

१२. तुम्हारी यादें

तुम्हारी यादों का करवा सजाया हुआ है

हमने इन यादों को अपने जीने का सहारा बनाया है

हमें आपने कभी अपना ना समझा

पर हमने तो आप पे पूरा जहां लुटाया है

१३. प्यार का पिंजरा

हम सोचते रहे की कैद कर दिया है हमने उनको अपने प्यार के पिंजरे में

पर कब उड़ गए तोड़ के उस पिंजरे को

आहट भी नहीं आई

१४. तेरी उल्फ़तों

तेरी उल्फ़तों में ऐसे जिए जा रहे हैं

आँखों में आंसू और दिल पर ज़ख़्म लिए जा रहे हैं

१५. बर्बादी

तुम्हारे नज़र भर के देखने को हम प्यार समझ बैठें

हमें क्या मालूम था कि हम अपनी बर्बादी को गले लगा बैठें

१६. झूठी चाहत

उनकी झूठी चाहत हमें कुछ इस तरह बर्बाद कर गई

ना वो हमारे हुए और

नाहीं हम किसी और के हो सके

१७. ना जीते हैं, ना मारते हैं

आपकी याद मे ना जीते है ना मरते है

हर पल आपको पाने के लिए तरसते है

पर अब कभी नहीं पा सकेंगे आपको

क्यों की अब आप इस जहां में ही नहीं बस्ते है

१८. चाहतें

चाहतें ना कम हुई तुम्हारे दूर जाने से

चाहते रहेंगे तुम्हें जब तक हम है इस जहां में

१९. दूसरों की ख़ुशी

दूसरों का दिल खुश रखने का हुनर तो आप मे शुरू से ही था

उन्होंने आप को उठने को कहा, और आप उनके सात चल दिये

२०. ऐ ख़ुदा

तुम्हारे लिए तुम्हारा गुरूर तुम्हारा खुदा था

मेरे लिए तुम्हारा प्यार मेरा खुदा था

तुम अपने खुदा के समाने जीत गये

मेरे खुदा ने तुम्हारे खुदा के आगे सिर झुका दिया

२१. इश्क़ और मोहब्बत

इश्क और मोहब्बत दोनों से तुम्हारी मुलाकात हुई

मोहब्बत तुम्हें मिली नहीं इश्क़ तुमको चाहिए नहीं थी

२२. जलता ख़ुदा भी है

हमारी मोहब्बत से तो पूरी कायनात जलती रही

उसपे ख़ुदा भी हमसे जल उठा

तुम्हें अपने साथ अपने जहां में ले गया

और मुझे इस जहां मे छोड़ गया

२३. दिल

ऐ मेरे दिल

मेरा जिस्म ही तो तुझ से जुड़ा है

बाकी तू तो उसके पास सुकून से सो रहा है

२४. घंटों बातें

जो हमसे कभी किसी ना किसी बहाने से करते थे घंटों घंटों फोन पर बातें

अब वह काट देते हैं काम के फोन को भी हमारे

२५. कश्ती

एक दिन निकले थे वह समुद्र ओर कश्ती मे घुमाने हमें

उन्हें मालूम था तैरना नहीं आता है हमें

फिर भी छेद कर दिया कश्ती में हमारी

वह तो तैर कर निकल गए

कश्ती डूबती रही और वह किनारे से हमारा तमाशा देखते रहे

२६. नीलाम मोहब्बत

तेरी मोहब्बत मे नीलाम हो गए

कीमत सब ने लगाई पर खरीददार कोई ना मिला

२७. हमारी मसरूफ़ियत

हम उनको चाहने मे इतना मसरूफ़ हो गए

वह हम को भूला बैठे और हम अपना वजूद गवा बैठे

२८. वह

मेरी मोहब्बत को मुझसे कोई शिकायत ना होती अगर वह उसके जीवन मे ना आई होती

२९. बदनामी

मेरी मोहब्बत सरे आम बदनाम हो गई

वह किसी और के हो गए

और हम देखते ही रह गए

३०. एक आस

एक हसरत दिल में जगाए बैठे है

तुम्हें अपना बनाए बैठे है

तुम हो गये हो किसी और के

फिर भी आस जगाए बैठे है

३१. रिहा

हम उनकी मोहब्बत में कुछ इस तरह से गिरफ्तार हुए

कि हम रिहा ना हो सके

३२. हमारा आशियाना

मेरी मोहब्बत को यूँ बर्बाद ना किया होता तूने

तो हमारा भी एक आशियाना होता

३३. तुम्हारी बेवफ़ाई

तुम को तो तुम्हारी बेवफ़ाई का एहसास उस दिन होगा

जब जो तुमने किया है मेरे साथ

वह कोई और करेगा तुम्हारे साथ

३४. मुस्कराने की वजह

कभी वह हमारे मुस्कराने की वजह हुआ करते थे

वही आज हमारे रोने की वजह बन बैठे

३५. नज़र

हमारी मोहब्बत को लोगों की नज़र लग गई

इसलिये हमारी मोहब्बत हमसे बिछड़ गई

३६. तस्वीर से बातें करती हूँ

तुम्हारी यादों में

ना जीती हूँ

ना मरती हूँ

अकेले में तेरी तस्वीर से बातें करती हूँ

३७. किनारा

मेरी कश्ती को भी किनारा मिल गया होता

जिन्हें हम चाहते थे अगर वह हमें मिल गया होता

३८. एक बार दिल तुमसे मिलना चाहता है

तुम्हारे जाने का ग़म

मुझे मेरी हर साँस पर सताता है

मेरे जाने से पहले

एक बार दिल तुमसे मिलना चाहता है

३९. बस एक बार

एक बार वापस आजाओ

मैं तुम्हें वापस जाने ना दूंगी

इस बार खुदा को मैं माना कर ही रहूँगी

४०. फ़साने

गुज़ारिश तो बहुत की थी हमने

वह ना माने

जाना था हमसे दूर जो उन्हें

फ़साने ही बना दिये

४१. उम्मीद का दिया

तेरे आने की उम्मीद का दिया जलाये बैठे है

राहों में आँखें बिछाये बैठे हैं

४२. हद

हम उनके इश्क मे हद से गुज़र गए

वह हमारे इश्क को हमारे सामने ही कुचल गए

४३. जब तक साँसें है सनम

चाहा है तुम्हें

चाहेंगे हम

ना भूले थे तुम्हें हम

और ना भूलेंगे हम

जब तक साँसें है सनम

तेरे नाम का दिया जलाते रहेंगे हम

४४. इंतज़ार

मांगी थी अपनी मोहब्बत खुदा से

खुदा ने भी मुस्कुराते हुए कहा

हमें भी इश्क हो गया है उससे

कैसे लौटा दु उसको जिसका हमने भी वर्षों इंतजार किया है

४५. कहा जा छुपे

मोहब्बत भी कैसी होती है

जिनसे मोहब्बत हुई

वह जन्नत में जा छुपे

ताकि हम उनके पीछे ना जा सहे

४६. बेबस

सरे आम मेरी मोहब्बत रुसवा ना होती

अगर खुदा ने हमारी मदद की होती

ना वह जाते इस तरह कफ़न ओढ़कर

ना मेरी आँखों में नमी होती

४७. वक़्त वक़्त की बात है

वक़्त वक़्त की बात है

एक वक़्त वह था जिसमें सिर्फ वह हुआ करता था

एक वक़्त आज है जिसमें सब कुछ है पर अब वह नहीं है

४८. मैंने सोचा ना था

तू इतना बेवफ़ा होगा मैंने सोचा ना था

मेरी बाहों को छोड़कर जन्नत को अपनाएगा मैंने सोचा ना था

तू इतना बेवफ़ा हो जाएगा मैंने सोचा ना था

४९. सुकून की चादर

वह सुकून की चादर ओढ़कर ऐसे सो गए

एक बार भी उनने देखा नहीं की हम कितने तन्हा हो गय

५०. मेरे बिना

जो कहा करते थे नहीं रह सकते तेरे बिना अकेले एक दिन भी

वही रह रहे हैं सालो से जन्नत में मेरे बिना ही

५१. तुमसे मिलकर जीना सीखा

तू क्या मिला

जीना सीख गये

हम पहले ज़िंदा तो थे

पर फिर हँसना सीख गये

५२. धीमी मुस्कान

एक दिन हमने धीरे से उनसे पूछ ही लिया

क्यों रहते हो हम से ख़फ़ा

उनने भी धीरे से मुस्काते हुए कह दिया

अब नहीं मोहब्बत तुम से उस तरह

५३. अधूरी ख्वाहिश

उनकी मोहब्बत में जाने क्या क्या गुनाह किये हमने

फिर भी उनको पाने के काबिल ना हो सके हम

५४. रास्ते

साथ रहते हुए भी हम दोनों में ना जाने कब इतने फासले भड़ गए

कि हम दोनों के ही रास्ते अलग अलग बन गए

५५. झूठी चाहत

तुम और तुम्हारी चाहत दोनों झूठे निकली

अगर तुम्हें मुझसे चाहत होती

तो तुम जन्नत मे नही

मेरे पास होते

५६. पूरी कायनात

जब तुम मुझे मिले तो ऐसा लगता था जैसे पूरी कायनात मेरी है

और जब से तुम गए हों तब से मेरा साया भी अब मेरा नहीं लगता है

५७. छिपे है वो कहा

ऐ खुदा ज़रा हमें भी उनका पता बता

छिपे है वो कहा

लगा के आग यहाँ

५८. बदनसीबी

कितने बदनसीब हो गए देखते ही देखते

पहले रहते थे साथ साथ अब अकेले हों गए

५९. तुम्हारे लिए

लिखना तो नहीं आता था हमें

पर तुम्हारे लिए लिखना शुरू किया

और लिखते चले गए

तुम्हारे लिए

६०. कब आओगे

तेरी याद हर पल सताने लगी है

आँखों से नींद जाने लगी है

कब आओगे

तुम्हारा इंतजार करते करते मेरी साँसें भी जाने लगी है

६१. बदलाव

कभी तुम आगाह करते थे

कि मुझे फोन ना किया करो वर्ना नंबर बदल लूँगा मे

पर हमने तो फोन भी नहीं किया

और तुमने तो अपना जहां ही बदल लिया

६२. मेरी पुकार

क्या पता था कभी कह के अलविदा इस तरह जाओगे

पुकारेंगे तुम्हें फिर भी ना आओगे

६३. जाते जाते

जाते जाते एक आवाज़ तो हमें लगाई होती

सब कुछ छोड़ कर तेरे लिए मैं आ गई होती

६४. चिट्टी

कोई आ सका तो भेजूंगा चिट्ठी तेरे नाम पे

पूछूँगी कैसा है तेरा हाल इस हाल में

६५. मेरा इश्क़

मुझे मालूम है तुझे इश्क नहीं था

पर मेरा इश्क तेरे लिए ही था

६६. महरूम

यू महरूम रही अपने प्यार से

इसकी ख़बर ही नहीं मेरे यार को

मालूम होता अगर उसको

प्यार से भर लेता बाहों मे मुझको

६७. मेरी सज़ा

ऐ यार

ऐसा तूने क्यों किया

जाते जाते अलविदा ना भी तूने मुझसे क्यों ना किया

ए मोहब्बत हमसे ऐसा क्या गुनाह हुआ

हमें तुमने अपनी मोहब्बत का एक क़तरा भी ना दिया

६८. चाहतों का महल

अपनी चाहतों का महल बनाया था हमने

और किसी की औक़ात क्या

अपनों ही ने तबाह किया हमें

६९. समय की बेईमानी

वह इतने बेवफ़ा तो ना थे जितना वक्त ने बना दिया

जाते जाते उन्होंने अपना हाथ हमारे हाथ से छुड़ा लिया

७०. मेरी अनसुनी शिद्दत

तनहा सी हो गई हूँ तेरे जाने के बाद

आके देख ले एक बार

क्यों रहता है इतना ख़फ़ा

कैसे मनाऊँ तुझे

क्या यह है मेरी सज़ा

ऐ मेरे यार कुछ तो बता

७१. ज़िंदगी

जिनको देखे बिना एक पल नहीं निकलता था

अब उनको देखे बिना पूरी ज़िंदगी गुज़र रही है